Fracas du couchant

Blaise Oberson

Fracas du couchant

Recueil

ISBN : 979-10-377-6206-1

À Laure, Melchior, Leonor,
mes lumières

À mon père

La leçon de la flamme

âme riveraine plus
qu'or qui se dépense dans les orages
sur la blonde cause de ta visibilité

que gel fleuri sur tes seins tes pieds
dans la convoitise d'une lampe égarée
quand le temps évite de te regarder

Mohammed Dib, *Formulaires*

« Peuples ! écoutez le poète ! »

Victor Hugo, *la Fonction du Poète*

Partie I
Azur d’étoiles

Peut-être est-ce un roi
Sens du regard
Mon pied traverse l’aube déserte.

Vogue du regard dans un berceau meurtri
Tant d'années éclairées pour un morceau d'abime
Frissonnant au coin des lumières de jadis
Je plonge ma main dans un azur d'étoiles
Rouges et vertes, immenses dans leurs robes éclatées
Elles donnent aux cœurs des vivants le calme de l'aurore
Ô bleu de mon innocence, je te garde pour l'éternité.

Passage dans le chant des reflets d'un jour sans rêve
Rossignol du temps des larmes
La nuit est déjà là.

Sortilège de l'instant inachevé
Montagne du présent, douceur orangée
Le ciel achève sa mue vagabonde
En déversant son voile et recouvrant le monde.

La montée à l'alpage s'abime dans le firmament
La vie ralentit et tout devient sombre
L'herbe attrape son liséré dans la candeur du moment
Je marche seul et entends ton ombre.

Décor de saison
L’esprit vagabonde dans une pirouette salée
Verse l’horizon sur ta main égarée.

Cabriole du matin douce chrysanthème
Que la rivière est pure dans son écrin de bohème
Chaleur du souffle abyssal qui pense
Le cœur est parti vers son désir de jouvence
Bleu miroitant, regard au firmament
Je cueille dans tes bras la fleur du couchant.

La montagne bruisse et se réveille
Ballet du cœur dans un éclat de blanc
Elle proclame dans un souffle de soleil
L'amour du beau et de son cavalier dément.

Cette goutte d'une pensée inachevée
Me rappelle la lune et son penchant brisé
Qui en tordant les rayons de sa nature offusquée
Brûle le sceau du moment et sa courbe dévastée.

La gerbe s'envole vers le soleil du matin
L'herbe grandit et s'essouffle dans le vent
Passage du cormoran.

Branches de l'oubli majesté du pêcheur
Élégance souveraine dans la profondeur de l'azur
Tu creuses le ciel vers ta solitude amoureuse
Gardienne du silence dans ta couleur de reine

Glisse le vent fracassant

Nature qui s'efface pour une poignée de caresses
Souffle des Dieux et chant du paradis
Tout s'arrête pour un morceau de mémoire
Ô toi Eucalyptus, mon arbre, ma vérité.

Monte le sentier de tes rêves
Cueille ce rayon accroché au cœur
Lève la tête au son du tambour
Attrape la lune par le bout du chapeau
Et chante la lumière de tes mots
Pour dormir dans un frémissement d'alouette.

Dans ce champ des horizons perdus
L’hiver lance des murs de tristesse
Où foisonne le murmure de notre infinie paresse
En remontant la danse de nos couleurs disparues.

Fruit perdu rougeur solitaire
Rainures infinies marquant la terre
Ta tranquille légèreté autour de ta rondeur
Donne ce goût amer qui fait rougir nos peurs.

Solitude vers l’horizon lointain
L’hirondelle passe et entoure le Chemin
Sous la douce envolée des blés endormis
Tu offres au ciel tes précieux semis.

Présence ultime dans ce vert fossile
Taches blanches caressées par une verdure infantile
Le torrent descend vers sa pointe de soleil
Chaleur inavouée pour un buste aux mille merveilles
Ô légèreté de ta courbe, gage de mon ivresse
Rêveries extrêmes pour un soupçon d'allégresse
Je me jette dans ce regard de douces frontières
Extrême de nos montagnes berceau de nos chimères.

Plume fleurie par son nez courroucé
Peinture blanche pour une goutte de printemps
Endormir le seuil de l'air qui pleure.

Château de ma mémoire
L'oiseau sourit dans le clair-obscur
Ce petit rien qui dort dans le noir
Plongée dans le regard de l'autre si près du mur.

Instincts perdus dans les arcanes du couchant
Le chemin tourne vers la muraille du levant
Je saisis cette barque et la regarde danser
Nuit de tous mes rivages, j'ai envie de chanter

Alors je nage dans un tourbillon de bonheur
Explosion de noirceur et ribambelle de couleurs
Il y a comme une étincelle de paradis
Qui rappelle à la lune qu'il n'est pas encore minuit.

Lancée du jour reposant sur ses plus beaux atours
Verdure du soir dormant près d’une auréole lointaine
La bataille du regard tremble sous son intime pourtour
Que le sable est doux dans cette torpeur incertaine.

Toutes voiles dehors j'avance vers mon ombre
Lune résonnante, égarée dans sa toile en coin
Vague du couchant qui remonte vers cette nuit sans témoin
Ô toi, ténèbres de l'immensité,
Souriantes dans les dorures disparues du ciel.

Cils irisés dans une démarche sans jour
L’aube renaît au sein d’un élan d’abeilles
Abîme de sentiments comme une goutte de soleil
Dormir tel un vautour pour une once d’amour.

Oiseaux des silex de ma renommée
Vos chants bondissent dans le ventre du soir
Je me couche vers cette ode du souvenir
Point de répit quand le jour disparaitra.

Monte le sentier de tes rêves
Cueille ce rayon accroché au cœur
Lève la tête au son du tambour
Attrape la lune par le bout du chapeau
Et chante la lumière de tes mots

Marchant vers le réveil du rossignol
Chemin de traverse qui dort près d'un drap de solitude
Attente intime pour écouter le recueil de l'oiseau
Je rêve encore aux soupirs des humains
Détour du chemin, bal du réverbère
Lumière éteinte dans un brouhaha de noir
Perdu dans ce dédale de fleurs éclatées
La terre a mangé son orgueil.

Lenteur enchantée dans une mer de feuilles
Étoile de minuit et eau couchée
Les silences lancent des éclairs de beauté
Qui donnent à la muraille cet au-delà des jours sans peur.

Chants authentiques dans le jargon de nos rêves
La mer dort sur son lit de promesses
Respirant son moment de tendre folie
Pour offrir les quatre instants du désir éternel
Car la lune est belle quand elle courbe sa nuque
Elle vagabonde alors vers cette anse endormie
Et n'attend que le jour où tout sera vermeil
Pour retrouver enfin les hirondelles de nos bonheurs d'enfant.

Tableau des jours détournés par un nuage étourdi
Sur un toit écorné il bouleverse le lointain
Drôles de retrouvailles pour ce langage allégé
Danse en cadence autour d'un souffle recueilli
Ce petit bout de blanc qui chante tous les refrains
Il chute doucement vers le souvenir d'un seul destin.

Le soir m'entoure dans un calice de senteurs
Vision nostalgique sur un amas de silence
Je marche au milieu d'un souffle aveugle
Vers cet arbre saluant ma montagne languissante
Bruisse mon cœur dans le tréfonds de ma brume.

Ce sera le lointain refrain
Ouverture amoncelée près du bleu des mirages
Douce ribambelle pour une ode aux quatrains
Ton sourire éclairé dans une nuit sans visage.

Le jour panse sa douleur à l'ombre du ciel
Crocs noircis dans l'agonie du temps
Ma marche croise le visage rose du vent
Volutes arrêtées pour une encre intemporelle.

Il est une main derrière la lune
Gorgée d'un rayon de désir
Elle s'abreuve dans les étages des jours finis
Où repose la guerrière des traces incertaines
Car cet amas de poussière disparue
Transpose dans l'arc-en-ciel de sa finitude
La vérité d'une prouesse à jamais éternelle
Porte fermée qui ne s'ouvrira plus
Dans ton astre ressuscitant.

Ô déesse de ma mémoire
Ta grandeur éclipse la lumière du temps
D'un monde étonné où tout se réveille dans le noir
Sous les oripeaux des langueurs d'un éternel printemps.

Abîme des fleurs de l'aurore
Éternel recommencement
L'ombre d'un drapeau pleurant le remords
Brusquerie du vert profond, infiniment.

Partie II
Recueil de chaleur

Je t'aime comme la douce brindille au fond de la nuit
Qui toujours remonte et chante tes louanges
En me rappelant tous les jours ce monde sans bruit
Où l'amour scintille et fait rêver les anges.

Tous les jours j'attends ce moment unique
Qui m'apporte cette douceur de l'instant magique
Où tout s'arrête et respire la beauté
De tant de merveilles réunies en une seule majesté

Alors les plus belles années du présent cheminent doucement vers ma rose
Elles vivent dans ce petit cocon qui rougeoie de douceur
Où les pétales s'envolent vers ce firmament de saveurs
D'un monde unique qui respire la folie des douces choses

Car quand deux petits êtres s'époumonent en chantant la vie
Ils donnent aux sentiments un recueil de chaleur
Qui remplit le cœur et transforme la nostalgie
Ô douceur de l'amour notre plus belle grandeur

Oui, à nous deux nous ruisselons d'ardeur
Rien n'est plus fertile que ce long fleuve qui dort
Où nos chants de la vie éclaboussent ce ton rieur
Qui rappelle aux silences que tout, finalement, peut devenir or.

Le jour panse sa douleur à l'ombre du ciel

Crocs noircis dans l'agonie du moment

Ma marche croise le visage rose du vent

Volutes arrêtées dans une encre immémorielle.

La fourche s'envole vers ce mur de paille
Il y a comme un air de brûlure dans cet horizon de plaisir
Oui le moment explose et reconnaît notre jouissance
Qui dévoile nos corps dans leur toute-puissance.

Ô toi vent de nulle part qui avance vers le rivage
La beauté fugace de ce morceau d'azur
Me redonne un goût de terre et de senteur miraculée
Quand dans un souffle de mer éthérée,
Je retrouve ta main et ton regard de sable amoureux.

Petit pas de danse et chants virevoltants
Tout imprègne cet instant au bonheur flamboyant
Je saisis ta main et parcours en un tourbillon
La folie du printemps dans un indicible frisson

Oui, la vie vaut bien un détour
Quand, dans un embrasement de malice
Elle tranche soudain ce merveilleux calice
Où dormait, serein, le plus fou des amours

Le rivage du désir a alors poursuivi sa route
Magnifié par la joie il lance quelques tourterelles
Qui chantent sans vergogne pour toi Ô belle demoiselle
Le long de notre berge qui couronne cette magnifique joute

Alors tout devient clair et les soleils s'embrasent
La forêt s'éclaircit et s'ouvre au firmament
On ne peut que rêver de cet incroyable moment
Où se rejoignent sans pudeur la douceur et l'extase.

Soutien de l’éternel je te suis et saisis ta beauté
Elle me fuit mais je la retrouve au milieu du gué
Sentiment lointain qui cache la vérité des choses
Il n’y a pas plus de profondeur que de métamorphose.

Corps doré près du rayon d'autrefois
Noble peau caressante et perlée
L'eau coule sur ton visage des matins froids
Que tu es belle dans cette nuit décalée

Brillante parmi les fleurs de ta demi-lune
La lumière étend soudain sa main valeureuse
Je saisis alors cette claire fortune
Ô toi ma muse, ma tendre sulfureuse.

Fruit du désir enjambant mon recueil amoureux
Je berce dans ma langue le sucre du destin
Adorateur des déserts odorants de la convoitise
Mon bien-être embaume la bienveillance du vent
Alors le plaisir brûle dans cette profondeur solaire
Lampe allumée pour une obscure jouissance.

Force hallucinée et regard bleuté
Vert de l'amour dans un chant sensoriel
Plongée recueillie de la vague miraculée
Portes éphémères vers la danse du ciel.

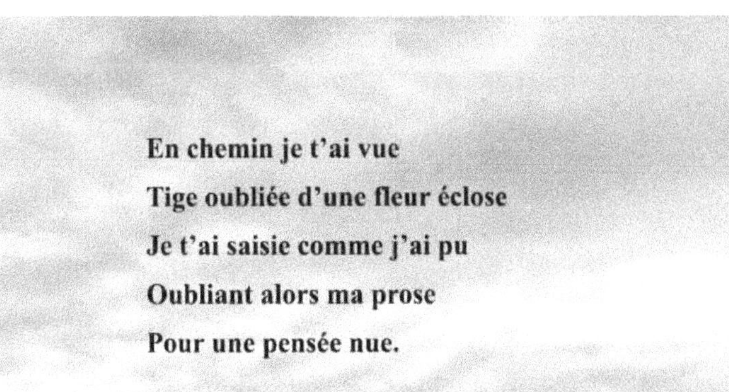

En chemin je t'ai vue
Tige oubliée d'une fleur éclose
Je t'ai saisie comme j'ai pu
Oubliant alors ma prose
Pour une pensée nue.

Automne des rêves près du chant du moineau
qui transpose le son le long des rivages de l'oubli
et fait dormir le poète dans son souffle d'amour

que féconde au lever la rose du chemin
celle qui s'ouvre dans un baiser de jeunesse
égayant ainsi la vérité du passeur.

Vénus bercée par le vent de l'histoire
Ton regard éclaire le clin d'œil des jours de gloire
Espiègle parmi la beauté diaphane de la vie
Tu transposes l'amour vers sa douceur assouvie
Ineffable soleil dans tes yeux de lune
Petits cheveux auréolés d'un miel de prune
Tu donnes au jour la couleur du demain
Sourire divin parti pour un long chemin.

Ô toi Cassandre, aube de tous les devenirs.

Bourrasque de l'instant sortilège du présent
Ne pars jamais sans ta hutte vagabonde
La grandeur du temps soufflera ta Joconde
Folie profonde qui bercera ta romance.

Détour d'un courant évaporé
La langueur du flot coule vers son destin
Prisonnière de l'ombre ultime
Elle traverse le cœur de l'immensité retrouvée
Couleurs mélangées vers une douceur éternelle
Dans la fraîcheur d'une vie au milieu d'un bisse
Je te suivrai partout, Ô toi, ma dulcinée.

Bleu du sable près de ton visage
Étoile couchée posture rêveuse
Endors-toi vers cette coriandre miraculée
Pense à moi.

Condition du vivant roulant vers sa rose
Bleuie, reposant près de la fontaine de vie
Elle offre sa courbe amoureuse pour un mur de sentiments
Dans ce passage de la pluie au clin d'œil soupçonneux
Mais l'éclair du présent entouré de lumière
Arrête le vent au moment des prières
Et recouvre son existant par un grain de silence
Goutte ultime tombant vers son destin.

Dans cette allée aux contours bleutés
Seuil des paradis de ta beauté échevelée
Je marche vers le désir des étoiles qui chantent
Où repose, guillerette, ta douceur alanguie
La vague de ta main unit alors notre galaxie
Ô soleil de tes marées
Qui bouleverse notre amour et les vendanges du temps.

Piquant du matin je m'entoure de notre tendre soleil
Geste ardent du désir ton souffle violente ma lumière
Ce bonheur sulfureux qui me conduit vers ton bleu réveil
Où doucement ma main se pose sur ta roselière

Je navigue alors vers tes fleurs inexplorées
Les pétales du plaisir font retentir nos merveilles
Tout est encore noir et pourtant si vermeil
Ah douceur outragée qui inonde ton immensité.

Chants inachevés et ritournelles abandonnées
Qu’as-tu fait de nos amours si pures et si charnelles ?
Solitude vers les hauteurs de ta beauté couronnée
Où vas-tu, toi, l’oiseau de nos vies éternelles ?

Ciel injuste pour un rossignol aux flammes innocentes
Tu me tends alors ce regard de terre absente
Parti dans ce val aux folies inconnues
Je pleure ton départ et notre amour disparu.

Fournaise impossible de tous les instants
Le chemin monte vers des ribambelles de plaisir
On ne dort pas sous les oripeaux du désir
Il n'y a qu'un pas pour remonter le temps.

Partie III
Vérité nue

Je pleure la montagne de toute cette vie
Les cloches résonnent et marchent vers le soleil
Comment faire taire les ruisseaux de ma survie
Qui tambourinent en appelant tous les oiseaux du ciel

Abîme des fleurs du soir
Éternel recommencement
L'ombre d'un orage pleurant le remord
Brusquerie du noir profond, infiniment.

À vous terriens des jours perdus
Vos voix souffrent les étincelles de tous les tyrans
Résonance des clameurs dans nos cœurs menaçants
Nous soulèverons leurs tabous et leurs mines tordues

Car toujours pour ces dramaturges des vaines gloires
L'agonie de la mémoire aura raison de leurs bouches inutiles
En leur offrant à eux, sombres poltrons infantiles
La vérité de la vie et de sa grande histoire

Vous disparaitrez alors dans la candeur de vos vils desseins
En vidant l'espace de vos comportements belliqueux
Pour retrouver dans la chevauchée du soir respectueux
La beauté des choses et le thé au jasmin.

La pluie réveille le pardon du passeur
Humide dans son manteau de gloire
Il grandira près du ciel de ses victoires
Son épée, brandie, dans un cercle de frayeur.

Le café s'endormait dans un univers froissé
Assis à cette table rougie par la fatigue du néon
Je te contemplais, toi, la feuille du réverbère
Porteuse des miracles dans une agonie sans fin
Vent brutal qui secoue la vérité des sens
Tu bouleverses sans vergogne le souffle de la nuit
Cet instant immonde au goût de thym
Que caresse la solitude des jours obscurs
Où, toujours, l'homme anéantit l'homme
Dans sa folie libératrice pour un souffle de haine
Ce jour-là, j'ai pleuré mon âme.

Je marchais inquiet et ne croisais que la brume
Elle me suivait, vilaine, vers un horizon de douleur
La guerre n'est jamais belle dans son déchirement d'amertume
Il n'y aura pas de réveil pour les chevaliers de la peur

Car qui a croisé le buisson du charbon déchaîné
Peut comprendre qu'il n'y a pas d'oraison et de montagnes soulevées
Quand des animaux sevrés et sans vergogne
Vont vous donner la force de vous lever et de détruire leur triste besogne.

Perdu dans un brouhaha de sentiments
Ô impuissance de nos actes inutiles
Je tranche la vie par mon ressentiment
Lutte profonde contre cette vague hostile

Morts inutiles dans ces montagnes bénies
Paysage foudroyant au milieu des ruines
Que comprendre de cet humain de génie
Qui trace ses routes sur des allées sanguines ?

À vous femmes de l'amour et des passions
Mon cœur brûle au chevet de vos libertés
Impossible fardeau contre toutes ces agressions
Vous ne perdrez jamais votre dignité.

Partout je ne sens rien et pourtant je pleure
Incompréhension de ce monde, absolu chambardement
Mon cœur hurle dans les ténèbres du moment
Naviguant dans le fond je découvre alors une fleur

Sa beauté explose dans une ribambelle de senteurs
Je n'y crois pas et pourtant je la respire
Ô unique instant qui me lance pareille douceur
Dans ce foisonnement de couleurs, j'ai alors évité le pire

Car l'injustice monstrueuse récitée par tant d'histoires
Me porte à l'action et au refus de cette misère
Oui, mets-toi en marche contre cet impossible mouroir
Mais sans violence et avec ma fleur tout entière.

Quand mon corps lance des frayeurs ensablées
Les vagues attendent le retour du ciel
Pour un instant manipulé.

Il y a comme un creux de soleil sur le bord de ton visage
Il brille et annonce à tous les feux du regard
Que la vie est douce quand on oublie sa rage
Pour porter haut ce bel étendard

Celui où la mésange plane sur un souffle de lumière
Rappelant à toi, promeneur du rayon des soupirs
La vérité simple dans ta démarche primesautière
Qu'il n'y a que la bienveillance pour la faire déguerpir

Tu réagiras alors dans une brise inspirante
En transformant l'injustice en envolées stériles
Qui enseignera au mufle que sa rhétorique blessante
N'est qu'une frénésie absurde et parfaitement futile.

Ce chagrin des rigoles de mes instincts
Tournant la vie au-dessus des pins
Il n'y a pas de repos pour les rivières du devenir
Semblant de folie sous un mur calfeutré

La promenade est longue vers l'aurore attendrie
Fruits amers dans la gaité de l'éclair
Pervers contraires frappant l'évidence
Je me tourne vers nos fosses d'autrefois

Sursaut de pleurs couronnant mes flagrances
Tir soulevé pour une assiette de lumière
Je baisse la garde dans un sommeil résigné
Âpres soleils dans mon univers tourmenté

Cette vague qui roule dans l'ambiance du matin
Cerclée de rouge, on entend les cloches du refrain
Le jour s'endort dans un bruit de torrent
Je remonte le chemin de tous mes tourments
L'encens de mes rêveries solitaires
Apporte un baiser à la grâce salutaire
Ouverture d'un monde sans justes paroles
Où baignent les regards de nos vaines fariboles.

Dans cet obscur moment je m'abandonne
La terre monte vers des cieux inexplorés
Je ne comprends ni ne respire la grandeur qui frissonne
Ô instants envolés qui m'éblouissent au milieu du gué.

Ce tourbillon d'espoir fertilisant
Pointe douce vers l'aura du phare d'autrefois
La vague rebelle n'a pas jeté sa tristesse
Pour un souffle endiablé dans les misères du naufrage
J'ai cru en la vérité du pinson des froides matinées
J'ai cru en la lumière du regard de la bise, tendre sentinelle
J'ai cru à la beauté du sol de nos ancêtres silencieux
Mais la fauvette effleure les espaces solitaires
Tout à sa ferveur dans ce glissement d'ombre égarée
Elle m'a éclairé vers ce virage tendu et doucement amer
Courte étincelle dans la complicité de mon innocence.

Rigole du soir dans une symphonie oubliée
Ce ruisseau qui roule vers une ouverture éloignée
Je marche au son des clochettes de la vie
Pour un temps d'arrêt au milieu d'une clairière endormie

Monde indigne qui nous trompe dans un brouhaha de violettes
Avec ses larmes de bonheur où l'on danse la pirouette
Car toujours la lumière éclatée dans ces instants de renouveau
Ne nous cache ni le ciel ni le chant des oiseaux.

Solstice amoureux des temps perdus
Vagabondage dans les cieux abondants du mirage
Retrouvaille avec le miroir dormant dans le talus
Qu'il est bon de perdre sa majesté au fond du virage

Oui, je vous le dis, je ne reviendrai plus vers cette renommée
Qui clame dans le champ des feuilles endormies
Que la lagune de vie n'est jamais bien remplie
Quand la parole du coquin refuse sa main à la destinée

Car la montée des bonheurs ne peut rêver meilleur oiseleur
Qui saisit le vol de ces fous virevoltants
En acclamant sous le porche de nos plus grands rêveurs
Que la vie devient juste quand elle reconnaît ses vrais combattants.

Tes mains jointes près de l'étoile dormante
Oeil éternel vers le calme de ton chemin
Tu es parti avec cette étincelle chantante
Paradis des justes et des retrouvailles de demain.

C'est un jour où les Dieux du tonnerre ont oublié leurs prières
Abandonné sous les cieux qui coulent à l'orée de l'univers
L'homme n'a alors qu'un filet pour accrocher sa misère
Et trembler sous le joug du pêcheur qu'il n'ira pas en enfer

Mais la force achevée de l'instant avoué
A repris le lit de cette impossible virée
Ô rivages enchanteurs de nos clameurs assumées
Qui permettent à la fois la vie et le chant des bergers.

Pas martelés vers l'horizon inutile
Ce regard fou qui creuse l'échelle de la raison
En avant dans la moiteur d'un chemin imbécile
Pour un nirvana terrible au faîte de mon oraison

Prières intimes dans ma douleur bienfaisante
Qui instruit mon corps et mon esprit conquérants
Je m'approche de toi éminence frémissante
Arête ambiguë pour un instant étincelant

Arrivé au sommet de mes tendres tourments
Je contemple l'éternelle lumière de tous les recommencements
Bleu infini dans un firmament étourdissant
Je me couche près de mon ombre et m'endors doucement.

Saltimbanque auréolé de ta grandeur perverse
Montagne du savoir que transgressent les ficelles de la renommée
Aveugle au milieu du ponant dans un précipice de larmes
Tu crois à la nébuleuse du bonheur dans les rivières du passé
Non, il n’y a rien que le nuage d’une goutte envolée
Qui disparaîtra avec toi, lorsque tu franchiras le gué.

Je me suis assis à l'aube du chemin de mes rêves
Inutile bravoure pour un matin de jour frais
Solstice inaltéré illuminant mes sentiments étanchés
Le ciel se couvre et m'offre sa dernière prière

Je marche alors vers un destin trompé
Regard immense dans une ambiance de vert éthéré
Pour attendre le lever d'un vent salutaire
Fardeau éclairé qui m'emportera le long de mes ornières

Mais cette lumière creuse pourchassant l'aurore
Me brûle comme l'oiseau des soleils du remords
Refusant la rédemption des vivants accroupis
Je pars pour toujours à la rencontre de mes lunes.

Ta présence pénétrante dans la lumière de cette chambre close
Comme un rêve impossible qui jette des flocons de pensées
Ce jour-là tu n’avais pas trouvé ta montagne sacrée
Qui te berçait dans les grandeurs de cette douce prose

Alors j’ai saisi ta main et recueilli ton offrande
Par ton regard j’ai compris ta dernière demande
Qu’il n’y a pas plus de souffrance que cette fleur éclose
Qui donne à ce contre-jour la vérité de toutes les choses.

Je regarde le ciel partir vers son horizon de fraicheur
Tous les jours le chemin du retour retient sa vérité
Alors la brume de l'instant perdu se dissipe au coin du bonheur
Le réveil est doux pour les enfants de l'éternité.

Remerciements

À Laure Calais, pour la relecture du manuscrit.

À Leonor Oberson, pour la photo de couverture et les photos pages 29 et 42.

À Canva.com pour les photos pages 22 et 36.

Table des matières

Imprimé en Allemagne
Achevé d'imprimer en mai 2022
Dépôt légal : mai 2022

Pour

Le Lys Bleu Éditions
40, rue du Louvre
75001 Paris

www.ingramcontent.com/pod-product-compliance
Lightning Source LLC
Chambersburg PA
CBHW062345010826
49168CB00024B/268

9791037762061